BILBO
JEUNESSE

Gilles Tibo

Illustrateur depuis plus de vingt ans, Gilles Tibo est reconnu pour ses superbes albums, dont ceux de la série *Simon*. Enthousiasmé par l'aventure de l'écriture, il a créé d'autres personnages. Il s'est laissé charmer par ces nouveaux héros qui prenaient vie, page après page. Pour notre plus grand bonheur, l'aventure de Noémie est devenue son premier roman.

Louise-Andrée Laliberté

Quand elle était petite, pour s'amuser, Louise-Andrée Laliberté inventait toutes sortes d'histoires pour décrire ses gribouillis maladroits. Maintenant qu'elle a grandi, les images qu'elle crée racontent elles-mêmes toutes sortes d'histoires. Louise-Andrée crée avec bonne humeur des images, des décors ou des costumes pour les musées et les compagnies de publicité ou de théâtre. Tant au Canada qu'aux États-Unis, ses illustrations ajoutent de la vie aux livres spécialisés et de la couleur aux ouvrages scolaires ou littéraires. Elle illustre pour vous la série *Noémie*.

Série Noémie

Noémie a sept ans et trois quarts. Avec Madame Lumbago, sa vieille gardienne qui est aussi sa voisine et sa complice, elle apprend à grandir. Au cours d'événements pleins de rebondissements et de mille péripéties, elle découvre la tendresse, la complicité, l'amitié, la persévérance et la mort aussi. Coup de cœur garanti !

Noémie

Le Jardin zoologique

Du même auteur chez Québec Amérique

Jeunesse

SÉRIE PETIT BONHOMME

Les mots du Petit Bonhomme, album, 2002.
Les musiques du Petit Bonhomme, album, 2002.
Les chiffres du Petit Bonhomme, album, 2003.
Les images du Petit Bonhomme, album, 2003.
Le corps du Petit Bonhomme, album, 2005.

SÉRIE PETIT GÉANT

Les Cauchemars du petit géant, coll. Mini-Bilbo, 1997.
L'Hiver du petit géant, coll. Mini-Bilbo, 1997.
La Fusée du petit géant, coll. Mini-Bilbo, 1998.
Les Voyages du petit géant, coll. Mini-Bilbo, 1998.
La Planète du petit géant, coll. Mini-Bilbo, 1999.
La Nuit blanche du petit géant, coll. Mini-Bilbo, 2000.
L'Orage du petit géant, coll. Mini-Bilbo, 2001.
Le Camping du petit géant, coll. Mini-Bilbo, 2002.
Les Animaux du petit géant, coll. Mini-Bilbo, 2003.
Le Petit Géant somnambule, coll. Mini-Bilbo, 2004.
Le Grand Ménage du petit géant, coll. Mini-Bilbo, 2005.

SÉRIE NOÉMIE

Noémie 1 - Le Secret de Madame Lumbago, coll. Bilbo, 1996.
  • Prix du Gouverneur général du Canada 1996
Noémie 2 - L'Incroyable Journée, coll. Bilbo, 1996.
Noémie 3 - La Clé de l'énigme, coll. Bilbo, 1997.
Noémie 4 - Les Sept Vérités, coll. Bilbo, 1997.
Noémie 5 - Albert aux grandes oreilles, coll. Bilbo, 1998.
Noémie 6 - Le Château de glace, coll. Bilbo, 1998.
Noémie 7 - Le Jardin zoologique, coll. Bilbo, 1999.
Noémie 8 - La Nuit des horreurs, coll. Bilbo, 1999.
Noémie 9 - Adieu, grand-maman, coll. Bilbo, 2000.
Noémie 10 - La Boîte mystérieuse, coll. Bilbo, 2000.
Noémie 11 - Les Souliers magiques, coll. Bilbo, 2001.
Noémie 12 - La Cage perdue, coll. Bilbo, 2002.
Noémie 13 - Vendredi 13, coll. Bilbo, 2003.
Noémie 14 - Le Voleur de grand-mère, coll. Bilbo, 2004.
Noémie 15 - Le Grand Amour, coll. Bilbo, 2005.

La Nuit rouge, coll. Titan, 1998.

Adulte

Le Mangeur de pierres, coll. Littérature d'Amérique, 2001.
Les Parfums d'Élisabeth, coll. Littérature d'Amérique, 2002.

Noémie
Le Jardin zoologique

GILLES TIBO

ILLUSTRATIONS : LOUISE-ANDRÉE LALIBERTÉ

QUÉBEC AMÉRIQUE Jeunesse

Catalogage avant publication de Bibliothèque et Archives Canada

Tibo, Gilles
Noémie, Le Jardin zoologique
(Bilbo-jeunesse ; 82)
ISBN 2-89037-973-6
I. Titre. II. Collection.
PS8589.I26N63 1999 jc843'.54 C99-940029-0
PS9589.I26N63 1999
PZ23.T52No 1999

Conseil des Arts du Canada / Canada Council for the Arts
SODEC Québec

Nous reconnaissons l'aide financière du gouvernement du Canada par l'entremise du Programme d'aide au développement de l'industrie de l'édition (PADIÉ) pour nos activités d'édition.

Gouvernement du Québec – Programme de crédit d'impôt pour l'édition de livres – Gestion SODEC.

Les Éditions Québec Amérique bénéficient du programme de subvention globale du Conseil des Arts du Canada. Elles tiennent également à remercier la SODEC pour son appui financier.

Québec Amérique
329, rue de la Commune Ouest, 3e étage
Montréal (Québec) Canada H2Y 2E1
Téléphone : 514 499-3000, Télécopieur : 514 499-3010

Dépôt légal : 1er trimestre 1999
Bibliothèque nationale du Québec
Bibliothèque nationale du Canada

Révision linguistique : Michèle Marineau
Montage : Andréa Joseph [PageXpress]
Réimpression : février 2006

-1-

Sous l'escalier

Je reviens de l'école en courant. Je monte l'escalier pour me rendre chez ma belle, et bonne, et merveilleuse grand-maman Lumbago. Soudain, j'entends un bruit sous les premières marches. Je redescends, me penche sous l'escalier et devine la forme d'un gros chat. Il est couché sur le côté. Puis je vois apparaître, une à une, des petites boules de poils qui rampent et se tortillent comme des chenilles. La maman chat miaule très fort. Quelques chatons apparaissent dans la pénombre.

À genoux, je regarde cet incroyable spectacle et je me demande si je ne suis pas en train de rêver. Des petits minous sous mon escalier! Des petits minous sous mon escalier! Tout excitée, je me relève et me cogne la tête sous l'escalier. Bang! Non, je ne rêve pas.

Je flatte les petits minous, qui ronronnent comme des moteurs. Ils ont encore les yeux fermés. En vitesse, je monte chez grand-maman. En claquant la porte, je dis :

—Vite, vite, grand-maman! Donnez-moi un bol de lait!

Elle répond :

—Ton verre de lait est déjà sur la table, avec tes biscuits.

Devant les yeux ébahis de grand-maman, je grimpe sur une chaise et je prends un petit bol dans l'armoire. Je verse du lait dans le fond du bol en disant :

—Ce n'est pas pour boire, c'est pour lécher.

—Mais voyons, Noémie, qu'est-ce...

Grand-maman n'a pas le temps de terminer sa phrase. Je repars en courant vers la porte d'entrée.

—Mon Dieu Seigneur, Noémie, veux-tu m'expliquer ce qui se passe?

—Rien! Rien! Je viens d'avoir une famille de chats. Je dois les nourrir, sinon ils vont mourir de faim.

—Une famille de chats? Quelle famille de chats?

Je me précipite dans l'escalier, suivie de grand-maman qui trottine.

J'arrive en bas tout essoufflée. En regardant sous la première marche, je manque de perdre connaissance. Les chats ont disparu. Il n'y a plus rien sous l'escalier. Je me frotte les yeux et je regarde encore. Je me dis que c'est impossible, je ne suis quand même pas folle. Grand-maman demande :

—Qu'est-ce qu'il y a, Noémie? Un escalier, ça ne boit pas de lait!

—Mais voyons donc, grand-maman. Juste avant de monter chez vous, j'ai vu une chatte couchée sous l'escalier avec ses chatons. Je ne comprends plus rien.

Grand-maman me regarde avec ses petits yeux rieurs. Puis elle se penche et se retrouve à quatre pattes sous l'escalier.

—Tu as raison, Noémie. Le sol est tout chaud, et il y a des poils de chats.

Pendant que grand-maman se relève, je dis :

—Une famille de chats, ça ne disparaît pas comme ça. Pouf! Volatilisée!

C'est plus fort que moi. Je veux savoir ce qui est arrivé. Je demande à la première personne qui passe :

—Excusez-moi, grand monsieur, vous n'auriez pas vu une famille de chats? Non? Ah bon...

—Excusez-moi, madame, vous n'auriez pas vu une famille de chats? Non?

Une vieille dame s'approche en tremblant. Elle me dit en bégayant :

—Au... Au... coin... coin... de... la... r...

Je m'élance en courant vers le coin de la rue. Je n'ai jamais couru aussi vite de toute ma vie. J'ai l'impression de voler dans les airs. À bout de souffle, j'arrive au coin. Je regarde à droite : rien. Je regarde à gauche et j'aperçois Julie Legault-Gravel qui tire sa voiturette. Aïe! Elle emporte mes chats! Je crie :

—Julie Legault-Gravel! Qu'est-ce que tu fais? Attends!

À la vitesse de l'éclair, je fonce vers Julie. Je cours tellement vite qu'elle n'a pas le temps de se sauver. Je la rattrape et, encore tout essoufflée, je lui dis, très fâchée :

—Non, mais, faut pas se gêner! Espèce de voleuse de chats!

—Je... je les ai trouvés en dessous d'un escalier. Ce sont MES chats!

—C'EST MON ESCALIER! DONC, CE SONT MES CHATS!

—Non! Ils sont à MOI parce c'est MOI qui les ai trouvés! Et

maintenant ils sont dans MA voiturette!

Là, je n'en reviens pas. Je prends de grandes respirations. Je regarde Julie dans les yeux et je m'approche d'elle avec mon air le plus menaçant. Je lui crie dans les oreilles :

—Julie Legault-Gravel, écoute-moi bien! Je t'offre une dernière chance! Tu vas ramener MES chats sous MON escalier...

Elle me regarde sans broncher, exactement comme si je n'avais rien dit. Elle ne cligne même pas des yeux. Je n'en reviens pas. Mon sang bout dans mes veines. C'est une question de vie ou de mort. Je prends une autre respiration et je crie :

—Julie Legault-Gravel! Tu vas faire demi-tour. Tu vas ramener MES chats sous MON escalier. Sinon, j'appelle les policiers. Ils vont arriver ici avec leurs grosses voitures et leurs sirènes. Ils vont t'arrêter devant tout le monde. Ils vont te mettre des menottes aux pieds, aux mains et aussi des chaînes dans le cou. En plus, je vais leur dire que tu triches en jouant au ballon chasseur, que tu triches dans les cours de mathématiques et que tu copies sur tout le monde dans le cours d'arts plastiques. Et si je me fâche pour vrai, je vais leur dire que tu voles des bonbons au dépanneur. Tu ne t'en sortiras pas vivante. Tu vas passer le reste de ta vie en prison, et je n'irai jamais te voir. Est-ce que c'est clair à la fin?

Julie me regarde sans broncher. Elle me dit sans sourciller :

—Tu sauras que mon père est POLICIER!

-2-

La championne olympique

Je comprends le petit jeu de Julie Legault-Gravel. Elle veut faire la guerre psychologique. Bon, d'accord. Je connais plusieurs répliques par cœur. Je lui réponds en serrant les dents :

— Et moi, mon père c'est le super-chef des policiers. C'est la police des polices. Il va prendre ton père et il va le mettre dans la même prison que toi. Tu me redonnes mes chats, sinon ça va aller très mal pour vous deux !

Julie me regarde toujours sans broncher. Elle me répond :

— Mon père, il a toutes les clés de toutes les prisons !

—Eh bien, il ne pourra pas ouvrir les portes parce qu'il aura les deux mains attachées dans le dos au fond d'un gros donjon!

Julie a sourcillé. Je crois que j'ai marqué un point, comme on dit dans les films. Alors j'attaque :

—Dans le donjon, il va y avoir des rats et, encore pire, des dragons qui vont vouloir vous manger!

—Des dragons? Ça n'existe pas pour vrai. Tu dis n'importe quoi!

Là, j'ai peut-être un peu exagéré, mais je ne le montre pas. Julie amorce un mouvement pour se tourner vers la voiturette. Je ne veux pas qu'elle reparte avec mes chats. Presque sans faire exprès, je pose mon pied sur le sien... Presque sans faire exprès, j'y mets tout mon poids... Presque sans faire exprès, je lui écrase le pied... Presque sans faire exprès, je la pousse un peu... Elle en profite pour exagérer. Elle se laisse tomber par terre... En faisant exprès, elle se roule sur le trottoir... En faisant exprès, elle me regarde avec ses grands yeux pleins d'eau... En faisant exprès, elle ouvre la bouche au maximum... En faisant exprès, elle crie et hurle pour ameuter tout le quartier!

Grand-maman arrive en trottinant. Elle se précipite sur Julie pour la consoler. Julie me regarde d'un air victorieux. Je n'en reviens pas. Je me fais voler mes chats, et ma grand-mère console la voleuse.

J'en profite pour tourner la voiturette de bord. Mais je n'ai pas fait trois mètres que la mère de Julie arrive en courant. Les bras dans les airs, elle me crie :

— Arrête ! Arrête !

Je tire la voiturette le plus rapidement possible vers le coin de la rue, mais la mère de Julie court comme une championne olympique. Elle me saisit par le bras et me lance :

— Comme ça, on vole des voiturettes ?

— Je ne vole pas de voiturette ! Je ramène MES chats, que Julie m'avait volés !

La championne olympique me lâche le bras. Elle ne comprend plus rien. Je lui explique :

— J'ai trouvé des chats sous mon escalier. Pendant que j'allais chercher un bol de lait, Julie en a profité pour les voler. Le bol de lait est encore sur la première marche de l'escalier. J'ai rattrapé Julie, votre fille la voleuse de chats. Elle a pleuré pour rien, et là, je ramène mes chats chez moi ! Il me semble que c'est clair !

Grand-maman arrive près de nous. Elle regarde au ciel et demande :

—Mais à qui sont ces chats, à la fin?

Je crie :

—Ils étaient sous NOTRE escalier ! Donc ils sont à MOI !

Julie répond :

—Ils n'étaient à personne sous UN escalier. Maintenant, ils sont dans MA voiturette. Donc, ils sont à MOI !

Tout le monde se regarde, et personne ne sait quoi faire. Mon cerveau pense vite. Je dis :

—Bon, c'est simple, il faut remettre les chats où ils étaient... et ils n'appartiendront à personne !

Tout le monde se regarde encore une fois. Et tout le monde hoche la tête pour dire que c'est la meilleure solution. Mais Julie tente une dernière tactique :

— Pourquoi on ne les mettrait pas sous MON escalier et ils n'appartiendraient quand même à personne...

Très lentement, pour ne pas me mettre en colère, je dis :

— On les remet où ils étaient, et ils étaient sous MON escalier. Il me semble que c'est clair?

Tout à coup, derrière moi, j'entends la voix de Carole Zabiello :

— Si les chats ne sont à personne, alors moi, je peux les emporter à la maison!

Je me retourne et j'aperçois quelques filles de ma classe. Chacune s'exclame :

—Moi aussi! Moi aussi! Moi aussi! Je peux les emmener chez moi... Ils sont si mignons!

Bon, je sens que je vais faire une crise cardiaque, mais je fais semblant de rien. Je dis juste :

—Ça me ferait plaisir de vous les donner, mais ils sont remplis de poux, de puces et de toutes sortes de maladies avec des noms grands comme ça!

Toutes mes amies s'éloignent en disant :

—Bon, tes chats, ils sont laids, finalement... Je n'en veux plus, ils sont pleins de maladies... Je déteste les chats!

En entendant ça, la mère championne olympique prend sa fille par la main :

—Viens à la maison, j'espère que tu n'as pas touché aux chats!

Mais Julie s'arrête sec sur le trottoir. Elle se retourne et crie :

—Je veux avoir ma voiturette IMMÉDIATEMENT!

—Garde-la, ta voiturette!

Je pose les chatons sur mes épaules et je prends la chatte dans mes bras. En vitesse, je marche vers la maison. Sans dire un mot, les yeux aux ciel, grand-maman trottine derrière moi.

-3-

Les pancartes

Rendue à la maison, j'installe les chats sous l'escalier. Je dépose le bol de lait près de la chatte. Elle boit à grands coups de langue. Puis je regarde grand-maman avec mes petits yeux doux. Avant même que j'ouvre la bouche, elle répond à ma question :

— Non, Noémie, tu devrais le savoir... depuis le temps... Je ne peux pas garder les chats chez moi. J'en ai déjà un, et ça me suffit !

Avant même que j'aie le temps d'y penser, elle ajoute :

—Et je ne crois pas que tes parents voudraient héberger des chats... Tu le sais, ils sont débordés!

—Oui, mais je ne peux pas les laisser sous l'escalier, ils vont se faire voler par n'importe qui, et je ne peux pas les surveiller tout le temps!

Il me vient une idée. Je dis à grand-maman :

—Montez la garde quelques instants! Je reviens tout de suite.

En vitesse, je prends la clé de la maison et j'entre chez moi. Je fouille dans ma chambre et je ressors avec un grand carton et des crayons-feutres. J'écris en grosses lettres :

ATTENTION!
AVERTISSEMENT!
NE PAS FLATTER,
NE PAS NOURRIR LES CHATS!
ILS SONT CONTAGIEUX!

(ÇA VEUT DIRE QUE VOUS ALLEZ ATTRAPER DES MALADIES ÉPOUVANTABLES.)

Je place le carton sur la première marche de l'escalier. Puis je vais m'asseoir en haut, sur le balcon. En jasant avec grand-maman, je vérifie l'efficacité de ma tactique.

Tous les piétons qui passent sur le trottoir s'empressent de lire mon avertissement. Puis ils reculent et continuent leur chemin en accélérant le pas.

Moi, je réfléchis vite. Je demande à grand-maman :

—Vous qui êtes si bonne et si merveilleuse, aimeriez-vous m'acheter une crème glacée au dépanneur?

Au dépanneur, je vais voir le monsieur très gentil, qui est un Vietnamien. Je le connais bien parce que je vais lui acheter du lait presque tous les jours. Je lui demande de traduire mon avertissement en vietnamien. Lorsqu'il a terminé, je lui dis «merci beaucoup» en vietnamien.

Ensuite, je demande à grand-maman si elle aimerait faire des courses à l'épicerie. Là, je fais traduire mon avertissement en italien. Ensuite, je fais le tour de tous les voisins que je connais, et j'en connais beaucoup.

À la fin de la journée, mon message est traduit en huit langues. Je place les huit avertissements autour de l'escalier. J'espère que mon message sera bien compris. Ensuite, je prends un autre carton et je dessine une grosse tête de mort comme celles que l'on voit sur les boîtes de médicaments qu'il ne faut pas ouvrir. Cette tête de mort, c'est pour ceux qui ne savent pas lire. Je la place sur les marches avec les autres cartons. Je donne à boire une dernière fois à mes chats. Ensuite, je monte chez grand-maman, qui a préparé un bon souper.

-4-

Après le souper

Pendant le souper, je n'arrête pas de parler de mes chats. Je voudrais en avoir des milliers. Je pourrais posséder un cirque qui ne présente que des numéros de chats. Je serais la plus grande dompteuse de chats de la planète. Je ferais le tour du monde avec mon cirque.

Il y a des chats partout dans ma tête, et partout dans les mots que je prononce. Avec grand-maman, je joue au jeu des chats. Je dis :

—Passez-moi chat... Quelle chat-leur... Chat, j'aime chat... Chat, j'aime pas chat... Il faut ouvrir le chat-si... Chat fait du bien... À chat-cun son chat... Si c'est comme chat, je m'en vais!

Je vais chercher le dictionnaire. J'essaie de faire des phrases avec tous les chats que je vois.

Au dessert, grand-maman soupire :

— Noémie, arrête, tu m'étourdis à la longue!

— Bon, alors, excusez-moi, grand-maman, je vais aller jouer avec mes chats.

À peine arrivée sur le balcon, j'aperçois une foule de curieux sur le trottoir en face de l'escalier. Dans la rue, il y a une camionnette blanche sur laquelle il est écrit en grosses lettres : S.P.C.A. Ça veut dire : Société pour la Prévention de la Cruauté envers les Animaux. Deux hommes vêtus de longues chemises blanches

et portant des gants de caoutchouc sont penchés sous l'escalier. Une foule de curieux les regarde. Je reconnais presque tous mes voisins et voisines.

Je descends les marches en courant. Un des hommes en blanc crie :

— Ne t'approche pas, petite! Il paraît que ces chats sont contagieux!

Pour la première fois de ma vie, je ne sais pas comment réagir. Si j'avoue la vérité, tout le monde va se moquer de moi. Si je dis que les chats sont contagieux, les hommes en blanc vont les emporter à la fourrière. C'est la dernière chose que je désire.

Je reste au milieu de l'escalier et je réfléchis... mais il ne me vient aucune idée. Tout à coup, j'entends la voix de grand-maman crier du balcon :

—Tu peux enlever tes pancartes, Noémie. Tes chats ne sont plus contagieux!

Je me retourne et je regarde grand-maman. Elle me fait un clin d'œil complice. Je descends l'escalier en disant :

—Excusez-moi. Excusez-moi, ils ne sont plus contagieux depuis... depuis... deux minutes!

J'enlève toutes les pancartes et je me faufile sous l'escalier. Je prends le plus beau petit chaton. Les deux hommes de la S.P.C.A. me regardent avec de gros yeux. Je leur dis :

—Ils viennent juste de naître. Vous voyez bien qu'ils ne sont pas contagieux!

Le plus grand des deux hommes inspecte le chaton, puis il examine la mère. Il se relève en déclarant :

—Ces chats sont en très bonne santé !

Ils repartent tous les deux dans leur camionnette. Je dois maintenant me débarrasser de tous ces curieux qui veulent flatter mes chats. Au verso d'une de mes pancartes, j'écris en grosses lettres :

FLATTAGE DE CHAT : UN DOLLAR LA MINUTE !

Trois secondes plus tard, il n'y a plus personne près de l'escalier. Je reste seule avec mes chats. Je les caresse.

Grand-maman vient me rejoindre avec sa tasse de thé. Elle s'assoit sur la première marche et elle me regarde avec ses petits yeux rieurs. En l'embrassant, je lui dis :

—Merci, vous m'avez sauvé la vie !

Elle me répond :

— De rien... Maintenant, tu dois venir te coucher!

— Mais voyons donc, grand-maman. Je ne peux pas me coucher en abandonnant mes chats sous l'escalier!

— Tu ne peux quand même pas coucher dehors pour les surveiller!

— Est-ce que je pourrais rester jusqu'à la noirceur? Ensuite, personne ne les verra sous l'escalier. Ils risqueront moins de se faire enlever, et j'irai me coucher sans chialer, sans pleurnicher, sans rouspéter, sans rien de rien... Promis juré!

Grand-maman avale une petite gorgée de thé. Puis, d'un signe de la tête, elle me donne la permission de veiller sur mes chats. Je me blottis contre elle. Lentement, le soleil descend derrière les maisons, puis il diparaît de l'autre côté de la terre.

Sans chialer, sans pleurnicher, sans rouspéter, sans rien de rien, je replace les chats sous l'escalier. En silence, je monte me coucher dans le lit de grand-maman parce que, ce soir, mes parents travaillent très tard.

-5-

La nuit blanche

Lorsque mon père vient me chercher, je ne dors pas encore, mais je fais semblant. Il me prend dans ses bras, il me descend dans ma chambre, et je me recroqueville dans mes draps froids.

J'essaie de dormir, mais j'en suis incapable. Je pense à mes chats et j'imagine le pire. N'importe qui peut les enlever et les emporter dans un pays lointain. Ces chats n'ont jamais pris l'avion de toute leur vie, ni le train, ni l'automobile, ni la bicyclette. Ils ne connaissent rien. Les chatons peuvent sortir de leur cachette et se faire écraser par un piéton, une automobile, un camion. Ils peuvent se perdre et se faire manger par des lions, des tigres ou des hyènes. Pire encore, ils peuvent se faire dévorer par des sorcières ou des ogres. Il peut arriver n'importe quoi. Il pourrait y avoir un tremblement de terre, et mes chats tomberaient dans une crevasse. L'escalier pourrait tomber et les écrabouiller. J'essaie de me calmer, mais mon imagination devient folle. Je ne peux plus dormir. Je me tourne et me retourne dans mon lit et je sais que je ne pourrai pas fermer l'œil de la nuit. Je ne peux vraiment pas dormir ici au chaud, pendant que mes petits chatons... Et là, il me vient une idée.

Je me lève lentement pour ne pas faire de bruit. À pas de

loup, je me rends jusqu'à la chambre de mes parents. Ils dorment tous les deux à poings fermés. Je retourne dans ma chambre, j'enfile ma robe de chambre et je prends ma grosse douillette. Je l'enroule et la pose sur mes épaules. Le plus silencieusement du monde, j'ouvre la porte d'entrée. Je sors dehors. Avec précaution, je referme la porte. Il fait froid. Le ciel est noir. Il vente. On dirait qu'il va pleuvoir.

À quatre pattes, je m'approche de mes chatons. Ils tremblent et ils se collent contre leur mère. Elle a bu tout le lait que je lui avais donné. En vitesse, je déroule ma douillette et je fabrique quelque chose qui ressemble à un nid. J'installe la chatte et ses petits à l'intérieur. Je les borde de tous les côtés.

Soudain, je me fige sur place. J'entends des pas qui s'approchent sur le trottoir. Des pas lourds, menaçants, des pas comme ceux d'un ogre qui mange les chats de ruelles. Je me blottis sous l'escalier et je me cache. J'entends les pas approcher lentement en martelant le trottoir... Boumm... Boumm... Boumm... Ils approchent. Ils approchent. Mon sang cogne dans ma tête et jusque dans mes pieds. Je regarde autour de moi. Je n'ai rien pour me défendre. Je pense à tous les films que j'ai vus. J'essaie de trouver un truc, mais je ne me souviens pas d'avoir vu l'histoire d'une petite fille qui se fait attaquer, la nuit, sous un escalier, avec des chats dans une douillette...

Les pas approchent... Boumm... Boumm... Boumm... En vitesse, je défais le gros cordon de ma robe de chambre. Si un ogre m'attaque, je me précipite sur lui et je lui attache les jambes. Si une sorcière m'attaque, j'attache son balai pour l'empêcher de s'envoler avec mes chats...

Boumm... Boumm... Boumm... Je vois une ombre gigantesque qui passe lentement devant l'escalier et qui s'arrête juste devant moi. C'est un ogre. J'ai peur. Je suis certaine qu'il a de grandes dents effilées comme des poignards. Je suis certaine qu'il cache un grand sabre pour découper les chats en petits morceaux. Je suis certaine qu'il sent la chair fraîche et que son ventre gargouille parce qu'il a une faim de loup. Je suis certaine qu'il ne fera qu'une bouchée de mes chatons. J'ai peur. Je me glisse dans la douillette

et je me blottis contre mes chats qui ronronnent. Ils font tellement de bruit qu'ils vont attirer l'attention de l'ogre. Debout, immobile devant l'escalier, il écoute les moindres soupirs de la nuit. Je me couvre la tête avec un bout de la douillette. J'attends... J'attends...

▲ ▲ ▲

Un bruit me fait sursauter. Je relève le coin de la douillette et je vois l'ogre, de dos, qui parle tout seul. Je ne comprends rien. Il se penche. Il fouille dans nos poubelles. Je ne sais plus quoi faire. J'ai peur. J'ai peur. Je serre tellement fort le cordon de ma robe de chambre que j'ai mal aux mains.

L'ogre plonge ses bras dans les grands sacs et il glisse des choses dans ses poches. Je n'en reviens pas. Il fouille, il fouille puis, sans avertir, il referme les sacs et il se relève. Ouf! Il va partir.

Juste au moment où il avance le pied pour s'en aller, un des

chatons miaule sous la douillette. On dirait que son petit miaulement devient un rugissement de lion. Il va ameuter tout le quartier. L'ogre se redresse, se retourne. Il scrute la nuit avec ses yeux de feu. Je cale mes chats au fond de la douillette. Je voudrais me volatiliser, devenir invisible, me retrouver sur une île déserte où il n'y a pas d'ogre.

Après quelques secondes plus longues que des siècles, j'entends les pas de l'ogre qui s'éloignent. Je suis tout en sueur. Je regarde le monstre s'éloigner. De poubelles en poubelles, il finit par disparaître au bout de la rue. Ouf! Je croyais que ma dernière heure était venue. J'imaginais déjà mes parents qui me cherchaient, grand-maman qui pleurait...

Je borde les chats au creux de la douillette, puis je rentre à la maison pour chercher un peu de lait. J'ouvre lentement la porte d'entrée. Je suis bien contente de sentir la chaleur du plancher sous mes pieds. Je marche lentement pour ne pas faire de bruit. Je passe devant la chambre de mes parents et j'entends ronfler. Tout va bien.

Je traverse la cuisine. J'ouvre le réfrigérateur. Je remplis le bol de lait. En me retournant, mon cœur bondit dans ma poitrine. Je me fige sur place. Je claque des dents. Je tremble de partout. J'aperçois une forme gigantesque au-dessus de moi. Épouvantée, je laisse tomber le bol, qui se fracasse par terre. Le lait se répand sur le plancher.

La forme se penche vers moi. J'entends ma mère murmurer :

—Noémie, que fais-tu dans la cuisine à minuit?

—Je... heu... je viens chercher un verre de lait...

—Mais ce n'est pas un verre, c'est un bol.

—... Je... Heu... Oui... C'est un bol...

—Pourquoi un bol?

—... Heu... pour... boire... J'avais soif...

—Si tu as soif, bois un peu d'eau!

Je m'empresse de boire un peu d'eau. Ma mère dit :

—Il est tard, va te coucher. On réparera les dégâts demain matin.

Elle me reconduit jusque dans ma chambre. Je me couche dans mon lit. Ma mère m'embrasse puis elle se relève en demandant :

—Mais où est passée ta douillette?

— Je... heu... Je l'ai laissée en haut... chez grand-maman...

— Pour quoi faire?

J'essaie d'inventer une bonne raison, mais je suis trop fatiguée, je n'en trouve pas. Alors je réponds tout bêtement :

— Je ne voulais pas que mes chats meurent de froid.

— Quels chats, Noémie? Tu n'as pas de chats.

Je sors du lit, prends la main de ma mère et l'entraîne malgré elle.

— Mais voyons! Noémie! Qu'est-ce qui te prend?

Nous traversons la maison. Dehors, en m'approchant de l'escalier, je dis :

— Voilà mes chats. Ils viennent de naître. Je ne peux pas les laisser tout seuls. Ils pourraient se faire dévorer par les loups!

Tout ce que ma mère trouve comme réponse, c'est :

—Mais ce n'est pas possible, Noémie! Ta belle douillette sous l'escalier! À quoi penses-tu?

—À mes chats. Je pense à mes chats...

Là, je crois que ma mère est enragée. En jaquette sur le trottoir, elle me fait une crise de nerfs. Elle n'arrête pas de me mitrailler de questions. Qu'est-ce qui me prend? À quoi je pense? Est-ce que j'ai réfléchi deux minutes?

Ça commence mal. Je n'ai pas encore dormi. Je suis fatiguée. Je pleure en caressant mes chats. Ma mère s'empare de la douillette et prend son air de commandant des armées :

—Noémie, tu rentres immédiatement dans la maison! Tu laisses tes chats dehors!

—C'est ça... Tu veux qu'ils se fassent dévorer par les loups?

—Noémie, rentre à la maison! Il n'y a pas de loups en ville!

—On ne sait jamais! Il faut les rentrer dans la maison et les installer au chaud dans ma chambre!

—Il n'en est pas question, répond ma mère en serrant les dents. Jamais ces chats n'entreront dans la maison. Tu m'as bien comprise? Jamais!

Dans de pareils cas, je sais ce qu'il faut faire pour qu'elle change d'idée. Je lui saute au cou et, les larmes aux yeux, j'implore :

—Maman, s'il te plaît! Je te promets de devenir la petite fille la plus sage de toute la galaxie. Je ne laisserai plus jamais rien traîner. J'étudierai pour devenir un vrai génie et je ferai le ménage partout dans la maison !

Ma mère a la tête plus dure qu'une roche. Malgré mes pleurs et mes promesses, elle refuse que les chats entrent dans la maison. À bout de patience, elle dit :

—Pour ce soir, tu les installes dehors sur le balcon d'en arrière. Je dis bien, sur le balcon d'en arrière. Demain, nous les donnerons à... à quelqu'un.

En vitesse, je pose une guenille dans le fond d'une boîte de carton. J'installe ma famille de chats sur le balcon. Je remplis un grand bol de lait, que la chatte lape en ronronnant.

Je murmure :

—Bienvenue... Vous êtes les premiers pensionnaires de mon jardin zoologique.

Ma mère demande :

— Qu'as-tu dit, Noémie?

— Rien... rien... Bonne nuit, maman...

-6-

La guerre des mots

En cachette, j'ai gardé un petit chaton dans la poche de ma robe de chambre. Il a ronronné toute la nuit près de moi. Je n'ai pas très bien dormi.

Au petit-déjeuner, ma mère dit d'un ton sévère :

— Bon, Noémie, j'ai nettoyé le plancher et ramassé le bol brisé. J'espère que tu te souviens de ce que je t'ai dit hier soir?

Je ne réponds pas, je mange mes rôties en fixant la boîte de céréales. Je me prépare à affronter cette journée mémorable. Je sais déjà ce que je dois faire. Toute la journée, à l'école et pendant les récréations, je me prépare mentalement. Ce n'est pas facile parce que je suis très fatiguée.

▲ ▲ ▲

En revenant de l'école, je mange ma collation chez grand-maman. Puis je dis :

— Excusez-moi, grand-maman, j'ai quelque chose de très très important à faire, en bas.

Je descends dans la cour, je caresse un peu mes chats, je leur donne à boire et je me lance dans le ménage de la maison. Ma tactique est simple et efficace : lorsque ma mère reviendra du travail, je veux que la maison brille comme un sou neuf. Une mère aime toujours ça. Je ne sais pas pourquoi, mais c'est ainsi.

Je ramasse les traîneries dans la cuisine, dans le salon et surtout dans ma chambre. Je suis vraiment merveilleuse... Je place la vaisselle dans les armoires et lave le comptoir de la cuisine. Je suis vraiment extraordinaire... Je lave même la cuvette. Comme je suis formidable!

Pendant que je lave, époussette et récure, je réfléchis. Dans ma tête, je discute déjà avec ma mère. Je suis super-nerveuse, je me concentre au maximum. Ce sera l'affrontement suprême. Elle voudra se débarrasser de mes chats, et nous ferons la guerre. La guerre des mots.

Je prépare mon plan de match. Je prévois toutes les tactiques, les ruses, les feintes, les ripostes. Surtout, rien ne doit paraître. Je vais à la salle de bains et, pendant que je nettoie le lavabo, je me regarde dans le miroir. Je pratique mes sourires et mes grimaces. Je fais mes yeux doux et câlins. Je joue à faire semblant de rien.

Je suis prête pour la guerre. Ma mère peut arriver.

▲ ▲ ▲

Ma mère revient du travail. Elle claque la porte d'entrée et s'étend sur le canapé du salon. En enlevant ses souliers, elle soupire :

—Sapristi, Noémie... que je suis fatiguée... que je suis fatiguée...

Je réponds :

—Viens te reposer, ma belle petite maman.

Mais, dans ma tête, je pense : Excellent! Si elle est fatiguée, elle aura moins de résistance.

Première tactique, je lui saute dans les bras en disant :

— Allô, ma belle petite maman d'amour. Veux-tu une collation? Un verre de lait? Une tartine au beurre d'arachide?

Je ne lui laisse pas le temps de répondre. Je lui dis avec un irrésistible sourire :

— Je viens de faire le ménage partout dans la maison. Aujourd'hui, à l'école, j'ai super bien étudié parce que je savais que ce soir je jouerais avec mes chats.

Ma mère fronce les sourcils, ouvre la bouche. Je lui coupe la parole en sortant un petit chat de ma poche :

— Regarde, maman. Les chatons ressemblent à des petites boules de poils. Ils sont tellement mignons. Tiens, flatte celui-ci, c'est le plus doux de la portée.

Elle n'a pas le temps de régir, je dis avec une voix qui vient du cœur :

—J'aimerais mieux mourir que de m'en séparer. Il est tellement mignon, tu ne trouves pas?

—Heu... oui, oui, mais... je...

—Tu sais, maman, toutes mes amies SANS EXCEPTION ont des chats. Je suis tellement heureuse d'en avoir, moi aussi.

Et puis, soudain, ma mère se redresse sur le canapé. Elle se raidit. Je sens que la vraie bataille des mots va commencer. Elle dit :

—Bon, Noémie, je dois te parler!

Et bla... bla... bla...

Je résume la bataille : comme d'habitude, elle commence par dire «Non!». Un «Non!» catégorique. Ensuite, j'attaque à mon tour. Elle riposte. Nous parlons toutes les deux très très vite pour ne pas laisser le temps à l'autre de réfléchir. Nous réfléchissons quand même, mais plus vite!

Cette fois-ci, ma mère est plus coriace que d'habitude. Elle ne veut pas changer d'idée... et moi non plus. C'est une question de vie ou de mort.

Je change de tactique pour la déstabiliser. C'est un mot que mon amie Martine m'a appris. Elle déstabilise souvent ses parents, et ça fonctionne très bien pour elle.

Donc, je change de tactique en changeant de ton. Je parle tout bas à ma mère. Je lui explique les choses le plus lentement possible, en prenant bien mon temps. Ça l'énerve quand je parle lentement. Ma mère est toujours pressée, elle ne veut pas perdre de temps à négocier.

Elle résiste encore en disant :

—Je te connais, Noémie. Si j'accepte des chats aujourd'hui, demain ce sera des hamsters, et après-demain des chiens, et plus tard, est-ce que je le sais, moi, ce que tu auras envie d'avoir?

C'est vrai, c'est exactement ce qui va se passer. Mais je dis :

—Non! Non! Non!

Ma mère a beaucoup d'expérience avec moi. Il faut changer de tactique. Je prends une toute petite voix et je lui fais des promesses vraiment irrésistibles :

—Si je peux garder mes chats, je te jure de devenir parfaite, et même de t'aimer jusqu'à la fin de ma vie!

Une mère fatiguée, épuisée par une journée de travail, ne peut pas résister à une telle promesse. Elle ne se doute pas que, de toute façon, je vais l'aimer quand même jusqu'à la fin de ma vie.

À bout d'arguments, vaincue, elle finit par dire :

— Bon, d'accord, Noémie, tu gardes tes chats, mais...

Et là, elle met des conditions. Ça lui donne l'impression de ne pas avoir perdu la bataille :

— Tu peux garder tes chats sur le balcon, à condition qu'ils n'entrent jamais dans la maison. Je suis assez débordée comme ça, avec le travail et tout et tout...

Pour la remercier, je lui saute au cou :

— Tu es la meilleure maman du monde !

Je viens de gagner la bataille des chats. C'est la première étape.

Ensuite, je m'occuperai de la bataille des autruches, des lions, des girafes et des éléphants. Je rêve déjà à mon jardin zoologique dans la cour arrière.

-7-

Le temps qui passe

Maintenant que je peux garder mes chats, je suis devenue la fille la plus formidable de la terre. Tout le monde le dit. Je souris, je réponds toujours :

—Oui, ma petite maman d'amour... oui, mon petit papa d'amour... oui, ma petite grand-maman d'amour...

À l'école, j'étudie comme une enragée. Il paraît qu'on ne me reconnaît plus. Ma mère dit souvent :

—Noémie, je ne te reconnais plus...

Tous les jours, je m'enferme dans ma chambre pour étudier

mes leçons et faire mes devoirs... Mais, en réalité, j'ouvre un grand cahier et je dessine les plans de mon futur jardin zoologique. Je le construirai dans la cour arrière de la maison. Comme ça, je serai tout près de mes animaux. Je pourrai les nourrir et les soigner. C'est pour ça que je suis gentille et merveilleuse et formidable et que j'écoute mes parents comme un vrai petit soldat : il faut que je sois « irréprochable sur tous les points », comme ils disent dans les films.

Ce n'est pas facile d'être parfaite. Mais je n'ai pas le choix : si je veux avoir des tigres, des singes, des éléphants, des otaries et des girafes, il faut que je devienne plus fine que fine et même encore plus que ça.

En attendant, je fais des plans et je passe mon temps libre à m'occuper de mes premiers pensionnaires. Je reviens de l'école, super-pressée. Je monte chercher mon verre de lait et je me précipite en bas pour partager ma collation avec mes petits minous. Je n'ai plus le temps de raconter ma journée et de parler avec ma grand-mère. Je n'ai plus de temps pour rien.

Avec des boîtes de carton, je construis une belle maison avec un salon et une chambre à coucher. Je l'appelle la maison des chats. J'étudie et je fais mes devoirs dans la maison de carton. Les chatons grimpent sur mes épaules et me tirent les cheveux avec leurs petites griffes.

Grand-maman Lumbago descend dans la cour et vient

souvent me parler. Je crois qu'elle est un peu jalouse. Alors, je l'invite dans ma maison de carton, mais elle refuse d'y entrer. Elle me dit :

—Je te remercie, Noémie, mais, à mon âge, je suis trop raide pour entrer dans une boîte de carton.

Parce que je l'aime bien, je lui fabrique une cuisine dans une immense boîte, la boîte d'un réfrigérateur. La porte est tellement haute que grand-maman n'a pas besoin de se pencher pour entrer à l'intérieur. J'y ai même installé une chaise berçante. Elle refuse d'y entrer :

—Mais voyons donc, Noémie, une grand-mère ne se berce pas dans une boîte de carton... Mon Dieu Seigneur, que vont dire les voisins?

— Premièrement ce n'est pas une boîte, c'est une maison avec une porte et des fenêtres de carton, et deuxièmement, avant d'avoir été une grand-mère, vous avez été une petite fille... alors vous êtes une vieille petite fille, voilà ! Les voisins, on s'en fout.

Pendant que je joue avec mes chats, grand-maman se berce dans sa cuisine de carton. Nous nous racontons des blagues et nous rions comme des folles.

En riant, je dis subtilement à grand-maman :

— Bon... hi... hi... hi... j'aimerais avoir beaucoup d'argent pour acheter des lions.

— Voyons donc, Noémie, on n'achète pas un lion comme on achète un chien.

Moi, je croyais qu'il existait des magasins de lions, des magasins d'éléphants. Comme dans une animalerie, où on vend des poissons rouges, des perroquets et toutes sortes d'animaux. En disant cela, il me vient une idée. Je dis à grand-maman :

—Il y a longtemps qu'on n'a pas fait de promenade ensemble.

—Oui, c'est vrai.

—Est-ce que ça vous intéresse de marcher un peu?

—Du côté de l'animalerie?

—... Heu... oui... ce serait une bonne idée. Vous êtes vraiment la meilleure grand-mère du monde entier.

-8-

L'animalerie

En entrant dans l'animalerie, je crois que je vais devenir folle. Mon nez est envahi par une multitude d'odeurs qui se mélangent entre elles. Mes oreilles sont pleines de bruits d'oiseaux qui chantent, de jappements de chiens, de miaulements de chats, de bruit causé par les filtres des aquariums et par la caisse enregistreuse qui ne cesse de faire ding, ding!

Je prends la main de grand-maman et je marche devant un mur rempli d'aquariums. En admirant les poissons, je dis :

— Ils sont beaux. Je voudrais qu'on les achète tous !

De l'autre côté du magasin, des centaines d'oiseaux piaillent à tue-tête. Je dis :

— Leurs cages sont trop petites. Il faut leur en acheter des plus grandes et les emporter chez nous.

Le mur du fond est recouvert de vitres derrière lesquelles sont enfermés des chiots et des chatons. Ils jappent et miaulent. Je tire sur le bras de grand-maman :

— Il faut les acheter. Ils font trop pitié !

Grand-maman ne dit pas un mot. Elle fait le tour du magasin, puis elle me demande :

— Bon, tu viens, Noémie ?

— Déjà ? On vient juste d'arriver.

Pendant que grand-maman regarde les petits serins, moi, je

prends des notes dans ma tête. J'enregistre tout ce que je vois. Une vendeuse s'approche et me demande si j'ai besoin d'un renseignement.

—Oui... Je voudrais savoir comment acheter un lion et aussi un éléphant et une girafe.

La vendeuse éclate de rire, tourne les talons et disparaît derrière le comptoir.

Je rejoins grand-maman. Je lui dis subtilement :

—Vous devriez acheter un autre serin.

—Pour quoi faire? J'en ai déjà un.

—Bon... heu... Vous devriez acheter un chien.

—Non. Les chiens et les chats, ça ne va pas bien ensemble.

—Des poissons rouges, alors?

—Le chat va vouloir les manger.

—Bon... Alors, qu'est-ce qu'on achète?

—Rien, on n'achète rien. Premièrement parce que j'ai oublié d'apporter mon porte-monnaie, et deuxièmement parce qu'on n'a besoin de rien.

▲ ▲ ▲

On n'a besoin de rien... On n'a besoin de rien... Les mots se bloquent dans ma gorge. Et les lions, les tigres, les éléphants, les girafes, les singes, les crocodiles, les lamas, les dauphins et tous les autres animaux de mon zoo? Qu'est-ce qu'on en fait? Hein?

Je n'ai jamais été aussi frustrée de toute ma vie. Si ça continue, je vais faire la grève de la faim dans l'animalerie. Je ne sortirai pas d'ici tant que je n'aurai pas acheté quelque chose... quelque chose de vivant.

—Bon. Viens, Noémie, on rentre à la maison.

Moi, je voudrais sortir, mais, quand j'arrive près de la porte, mes pieds s'accrochent dans le tapis, et je tombe par terre. Paf! Grand-maman m'aide à me relever. J'essaie de faire quelques pas. Tout à coup, mes jambes se bloquent. On dirait que tout mon corps refuse d'obéir. J'écoute les bruits, je respire les odeurs de l'animalerie et je ne veux plus sortir. Je voudrais passer le reste de ma vie ici. Je voudrais dormir ici, vivre ici, et même passer mes vacances ici. Je serais la fille la plus heureuse du monde. Grand-maman me demande :

—Ça va, Noémie? Tu fais une drôle de tête.

Je ne réponds pas. Je ne suis plus capable d'avancer. Je reste debout, immobile à quelques pas de la porte. Puis, sans que je sache pourquoi, mon corps se retourne et se dirige jusqu'au comptoir. Grand-maman me suit en demandant :

—Mais voyons, Noémie, qu'est-ce qui te prend?

Je me place derrière les autres clients qui attendent pour payer. Lorsque mon tour arrive, la caissière, en voyant mes mains vides, demande :

—Oui?

—Je... Heu... Je... Heu... Est-ce que je pourrais...

Je regarde la caissière, on dirait que les mots sont trop gros pour que je puisse les prononcer. Ils restent pris dans ma gorge, et mes yeux se remplissent d'eau.

— Est-ce que tu pourrais quoi? demande la caissière, qui s'impatiente.

Je prends une grande respiration et je demande en bégayant :

— Est-ce que... que... je... je... pour... pourrais... travailler ici?

La caissière me regarde avec de grands yeux. En fermant son tiroir-caisse, elle répond :

— Mais non, ce n'est pas possible. Tu es trop jeune!

— Alors, est-ce que je pourrais vous aider à travailler?

La caissière fait signe que non.

— Est-ce que je pourrais juste venir de temps en temps pour vous voir travailler?

La caissière regarde grand-maman en faisant un clin d'œil :

—Oui, oui... tu peux venir de temps en temps, si tu es sage et si tu es accompagnée.

—Mon Dieu Seigneur, murmure grand-maman en me tirant vers la sortie, je viens d'avoir un beau contrat.

▲ ▲ ▲

Pour épargner ma grand-mère, j'essaie de ne pas exagérer. Je vais à l'animalerie une seule fois par jour, et je ne reste jamais plus d'une demi-heure.

Après une semaine, je connais tous les employés. Grand-maman me laisse seule. Elle en profite pour faire quelques commissions aux alentours. Je n'ai pas le droit de travailler pour vrai. Alors, je regarde comment on nourrit les tortues, comment on nettoie les cages,

comment on attrape les poissons avec une épuisette. Je prends des notes dans ma tête et je deviens une spécialiste. Quand j'aurai des hippopotames et des éléphants, je saurai comment faire. Ce sera pareil, mais en plus gros.

Quelquefois, lorsque les employés sont trop occupés, je m'approche d'un client et je demande :

— Bonjour, monsieur, puis-je vous être utile?

— Oui... Je voudrais acheter une tortue pour mon fils.

— Par ici, s'il vous plaît. Veuillez me suivre, nous avons trois sortes de tortues...

Jamais personne ne me demande de lion...

-9-

L'idée du siècle

À force d'aller à l'animalerie, je deviens de plus en plus frustrée. Je n'y vais qu'une demi-heure par jour, ce n'est pas assez long. J'essaie de convaincre grand-maman d'y rester plus longtemps, mais elle résiste. Elle dit :

—Noémie, compte-toi chanceuse. Une demi-heure, c'est mieux que rien.

Ce n'est pas facile pour moi. Je passe de longues heures dans ma chambre à dessiner des plans. Je fais beaucoup d'additions et de multiplications. J'essaie de calculer le coût d'un lion. Si un chat est cent fois plus petit qu'un lion et qu'un chat coûte dix dollars, alors un lion peut coûter mille dollars...

Si un lion coûte mille dollars, combien vaut un éléphant dix fois plus gros? Dix mille dollars. Donc, tous les animaux dont la grosseur varie entre celle d'un lion et celle d'un éléphant coûteront entre mille et dix mille dollars. Si je fais une moyenne à cinq mille dollars et que j'ai une centaine d'animaux, mon jardin zoologique me coûtera au moins cinq cent mille dollars. Un demi-million! Là, je deviens tout étourdie. Les chiffres et surtout les zéros tournent dans ma tête comme des gazelles devenues folles.

Je fais un calcul rapide et je me rends compte que je ne pourrai m'acheter un jardin zoologique que dans trois mille ans!

Alors, je prends le téléphone, chez moi, et j'appelle grand-maman, en haut. Je lui dis :

—Grand-maman, je dois vous parler... officiellement...

—Heu, oui, Noémie...

—Bon, ma très chère et très gentille et meilleure grand-maman du monde, vous qui avez un fabuleux trésor à la caisse populaire, voulez-vous me donner de l'argent pour m'acheter des animaux pour mon jardin zoologique?

Je n'entends rien au téléphone. Je demande :

—Allô? Grand-maman? Êtes-vous encore là?

—Oui, oui, Noémie, je suis encore là.

—Bon, alors, que pensez-vous de ma suggestion?

— ... Heu... C'est que... Je... Heu...

— C'est oui ou c'est non?

— C'est que... Heu...

Je raccroche. Je ne suis même pas surprise de sa réaction.

▲ ▲ ▲

J'attends que mes parents reviennent du travail. Au souper, je leur demande subtilement :

— Quelle serait votre réaction si je construisais un jardin zoologique dans la cour arrière?

Mon père ne répond rien, mais il s'étouffe avec une bouchée de pain. Ma mère regarde au plafond. Puis elle dit :

— Mais, voyons, Noémie, ce n'est pas réaliste.

— Laisse-la donc rêver, ça ne coûte rien, dit mon père.

—Oui, maman, laisse-moi donc rêver.

—Bon, alors rêve tant que tu veux.

Ensuite, il se passe une chose étrange. Mon père et ma mère se regardent avec un air curieux. Puis mon père se racle la gorge et me fixe en disant :

—Heu... Bon... Noémie, je dois t'annoncer quelque chose...

Habituellement, lorsque mon père me parle comme ça, c'est pour me dire qu'il doit partir en voyage d'affaires pour quelque temps. Il me dit :

—Noémie, je dois partir en voyage d'affaires pour quelque temps...

Ma mère enchaîne :

—Et j'aimerais bien l'accompagner, tu comprends...

Mon père et ma mère me regardent et me demandent en même temps :

—Qu'en penses-tu? C'est grand-maman Lumbago qui te garderait.

C'est la plus mauvaise... bonne nouvelle de la journée. Déjà, dans ma tête, des idées tournent comme des toupies. Je demande :

—Vous serez en voyage combien de temps?

—Heu... trois petites semaines, répond mon père.

Trois semaines toute seule avec grand-maman. C'est la meilleure nouvelle de l'année, mais au lieu de sauter au plafond, je fronce les sourcils et je dis, l'air complètement découragé :

—Comme je vais m'ennuyer de vous...

Pour qu'ils se sentent encore un peu plus coupables, j'ajoute :

—J'espère au moins que vous allez penser à moi... quelquefois...

▲ ▲ ▲

Après le souper, j'embrasse mes parents. Je m'enferme dans ma chambre. Trois semaines, toute seule avec grand-maman, ce sera le paradis!

Je passe la soirée à réfléchir et à rêver à mon jardin zoologique. Tout à coup, bang! il me vient une idée de génie. Je suis tellement excitée que j'en tremble de partout : les éléphants et les girafes coûtent trop cher. Je vais avoir un jardin zoologique avec seulement de tout petits animaux qui, en plus, ne me coûteront absolument rien.

Avec un crayon, je note toutes mes idées, même les plus folles. J'ai une page complète d'idées. C'est effrayant. Ça saute dans mon cerveau comme du maïs soufflé.

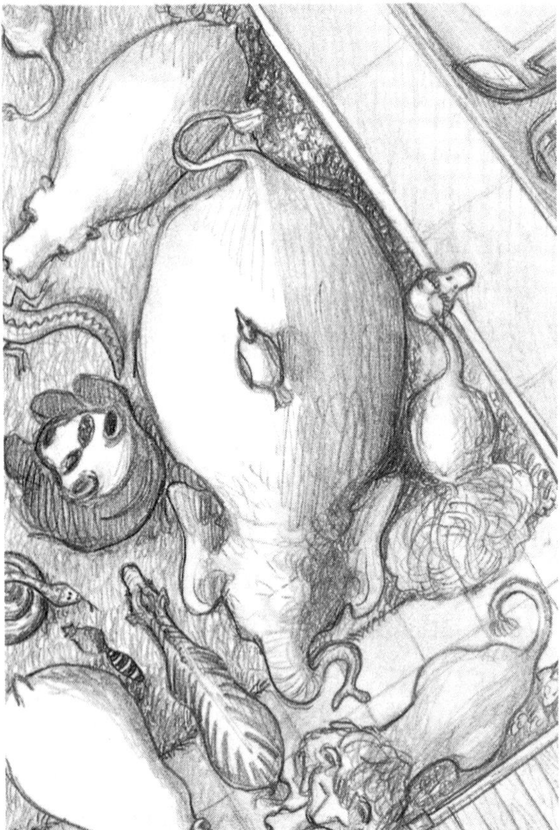

Je prends de grandes respirations pour me calmer. Je fais la liste des priorités. Je vais voir ma mère et je lui demande de m'expliquer le fonctionnement du répondeur téléphonique. Je lui demande surtout de m'expliquer comment on efface les vieux messages. Ensuite, je m'enferme dans ma chambre. J'écris des dizaines de petits messages sur des papiers de couleur :

Jeune fille sérieuse garderait petits animaux en pension. (Vous devez fournir les cages et la nourriture.)

Ensuite, j'écris mon numéro de téléphone avec un crayon rouge.

-10-

Les préparatifs

Ce matin, je mange mes rôties puis j'embrasse mes parents. Lorsque je reviendrai de l'école, ils seront partis en voyage.

Toute la journée, je réfléchis. Je n'ai que trois petites semaines pour réaliser mon rêve : construire un jardin zoologique dans ma cour. Je n'ai pas une seconde à perdre. Après l'école, je monte chez grand-maman Lumbago, je mange ma collation et je l'invite à venir faire des commissions.

— Mais voyons donc, répond-elle. Nous avons tout ce qu'il nous faut.

—Grand-maman, vous n'allez quand même pas me laisser mourir de faim?

À l'épicerie, à la boulangerie, à la charcuterie, au dépanneur, je marche derrière grand-maman et je pose en cachette mes petits messages sur les babillards. J'en pose aussi sur les poteaux électriques, sur les poteaux de balcons et, bien sûr, à l'animalerie.

▲ ▲ ▲

Le lendemain, après l'école, je rentre chez moi. Il y a trois messages enregistrés sur mon répondeur téléphonique :

—Oui, bonjour, mon enfant est allergique, je voudrais donner deux hamsters...

—Oui, bonjour, je déménage. J'ai des poissons rouges à donner...

—Oui, bonjour, je pars en voyage et je voudrais faire garder ma perruche.

C'est incroyable. Je prends en note les numéros de téléphone, j'efface les messages et je rappelle tout le monde. Mais, comme je termine l'école très tôt, personne ne répond. Je suis donc obligée de les rappeler en cachette à l'heure du souper. Alors, je mange en vitesse chez grand-maman, puis je descends jouer chez moi. Je rappelle tous ceux qui veulent me confier des animaux. Je leur donne la consigne suivante : laisser l'animal devant ma porte d'entrée avec de la nourriture.

-11-

Les dons

Les deux premiers jours, je reviens de l'école en courant et je regarde devant ma porte. Il n'y a rien. Je suis un peu découragée. Je monte chez grand-maman et je fais mes devoirs.

Le troisième jour, j'arrive en courant et je n'en crois pas mes yeux. J'aperçois une petite cage avec deux souris blanches. C'est presque le plus beau jour de ma vie. À côté de la cage, on a laissé un gros sac de nourriture et un petit mot : «Bonjour, mademoiselle, nous devons déménager. Bonne chance!»

Le lendemain, j'arrive devant ma porte et je manque de tomber sans connaissance. Je vois deux grosses cages avec des perruches qui jacassent.

Le lendemain, on a placé trois boîtes. Une boîte avec des chatons, une boîte avec un petit chien et une autre avec un cochon d'Inde. En plus, le répondeur est rempli de messages de gens qui veulent donner leurs animaux. Il y a aussi un message de mes parents. Ils me racontent le début de leur magnifique voyage et patati et patata... Ils espèrent que je suis gentille et que j'écoute ma grand-mère...

Je n'ai même pas le temps de parler à ma grand-mère. Je cours d'un côté et de l'autre, je vire comme une vraie toupie, entre mes devoirs à faire, mes animaux à nourrir et mes messages à effacer.

Ce n'est pas compliqué, chaque jour, même le samedi et le dimanche, je reçois des animaux. Je passe tout mon temps dans la cour pour essayer d'organiser mon jardin zoologique. Je consulte mes plans. Ils étaient prévus pour des éléphants, des lions. Mais là, ce n'est plus la même chose.

Après seulement sept jours, la cour est presque pleine d'animaux de toutes sortes. J'ai même reçu trois gros lapins et deux poules qui sont d'anciens poussins de Pâques. Elles se promènent en picorant l'herbe. Grand-maman répète qu'elle entend des bruits curieux dans la cour. Je lui réponds que les voisins sont bruyants, que des oiseaux viennent manger notre herbe, que... Mais grand-maman n'est pas folle, elle est même très intelligente.

Alors arrive ce qui doit arriver, comme on dit dans les films... Grand-maman est alarmée par tous les miaw, miaw... wouf, wouf... pit, pit... Elle descend dans la cour et, les deux mains sur les joues, s'exclame :

—Mon Dieu Seigneur, Noémie ! Mais c'est épouvantable ! C'est l'arche de Noé !

Moi, en riant, je réponds :

—Eh non ! C'est l'arche de Noémie.

—Mon Dieu Seigneur, que vont dire tes parents ?

—Rien, absolument rien. Ils m'ont dit que je pouvais rêver...

▲ ▲ ▲

Je l'avoue, après seulement dix jours, je suis complètement dépassée par les événements. Tout cela prend des proportions incontrôlables, comme on dit dans les films. Il y a des cages empilées partout dans la cour et jusque dans la ruelle. Grand-maman n'en peut plus. Les voisins se plaignent du bruit. Et moi, je suis devenue comme mes parents, je suis débordée. Je cours à droite et à gauche. Il faut nourrir les animaux, leur donner à boire, nettoyer les cages, promener les chiens, les brosser. Ça jappe, ça miaule, ça siffle et ça chante...

Je ne peux plus contrôler la situation. De nouveaux animaux arrivent tous les jours. Je dois prendre une grave décision. Peut-être la plus grave décision de toute ma vie... Je m'assois en plein milieu de la cour et je réfléchis.

Après avoir réfléchi trois secondes, je prends une décision : si je ne suis plus capable de m'occuper de mes animaux, alors j'ai besoin d'aide. Je saisis le téléphone et j'appelle toutes mes amies et tous mes amis en leur demandant de venir à ma rescousse.

Alice Bouffard, Jérôme Gauthier-Mitchel, Richard Gingras, Dominique Themens, Alex Flex viennent me rejoindre dans ma cour. Puis Louise, Julien,

Naïm et Zoltan arrivent eux aussi. Chacun va chercher un ami, et, finalement, il y a trop de monde dans la cour. C'est effrayant. On se croirait dans un cirque devenu fou. On prend mes animaux pour des jouets. On joue avec, on court avec, on les sort des cages et on les emporte n'importe où, n'importe comment. Les poules se promènent en piaillant. Les enfants crient. La petite Louise pleure parce que Zoltan ne veut pas lui donner le chat. Naïm hurle parce que Jérôme s'est sauvé avec un cochon d'Inde. Richard

met des souris blanches dans le col de la chemise d'Alex, qui court partout en gesticulant. Dominique se fait griffer par les chatons, qui n'en peuvent plus de se faire lancer dans les airs. Les oiseaux s'énervent en criant dans leurs cages. Les chiens jappent. Je n'en peux plus, je n'en peux plus. En voyant la scène, grand-maman Lumbago reste figée dans l'escalier. Les yeux écarquillés, la bouche grande ouverte, elle est tellement estomaquée qu'elle ne peut plus prononcer un seul mot.

Derrière grand-maman, je vois de gros nuages gris qui s'avancent dans le ciel. Je me dis : «Non, non, non, ce n'est pas vrai.»

Les gros nuages arrivent au-dessus de la maison. Il commence à pleuvoir. À la vitesse de l'éclair, je monte dans l'escalier et je crie :

—Vite! Il faut rentrer tous les animaux à l'intérieur!

Sous la pluie qui tombe, chacun prend un animal ou une cage et les rentre dans la maison. C'est le fouillis total! On commence par remplir la cuisine. Lorsqu'elle déborde de cages et de contenants de toutes sortes, on remplit le salon, le corridor, la salle de bains, ma chambre ainsi que la chambre de mes parents. Et moi, soudainement, je deviens comme ma mère, je crie :

— Alex, tu aurais pu t'essuyer les pieds avant d'entrer! Jérôme, ne mets pas tes doigts sales et mouillés sur les murs! Julie, fais attention! Julien, tu as renversé de l'eau par terre, tu pourrais l'essuyer!

On court et on saute, on crie et on gesticule partout dans la maison, qui ressemble à un véritable champ de bataille. Dehors, c'est le déluge. Il pleut, c'est effrayant. Des éclairs illuminent le ciel. Puis le tonnerre secoue la maison. Julien, qui a peur du tonnerre, commence à claquer des dents. Alex se met à pleurer comme un veau. Martine tremble comme une feuille, elle est toute mouillée et elle gèle. Laurence fouille dans le réfrigérateur, Zoltan dans la dépense. C'est l'enfer. C'est l'enfer. C'est l'enfer, et même un peu plus.

Tout à coup, dring, dring, la sonnerie du téléphone retentit dans le salon. Je réponds. Un monsieur me demande si nous acceptons de garder des chèvres.

—Non, monsieur. Je regrette, il n'y a plus de place. Non, monsieur, adressez-vous ailleurs.

Je raccroche. Deux secondes plus tard, le téléphone sonne de nouveau. Je réponds :

—Non, madame. Nous ne gardons pas de moutons, nous n'avons plus aucune place disponible.

J'ai à peine le temps de raccrocher que la sonnerie retentit encore une fois. Je m'empare du récepteur et, à bout de patience, je lance :

—Désolée, il n'y a plus de place!

Après un long silence, j'entends la voix de ma mère qui me demande pourquoi je réponds comme ça. Je n'ai pas le temps d'inventer une réponse. Ma mère me demande quel est tout ce bruit dans la maison.

—Je... heu... j'écoute une émission de télévision dans laquelle il y a beaucoup d'animaux et beaucoup d'enfants...

—Bon. Sois sage, Noémie... Nous revenons dans deux jours, et nous t'avons acheté un petit cadeau.

Je raccroche. Je suis au bord de la crise de nerfs ou de la crise cardiaque, je ne sais pas laquelle choisir.

▲ ▲ ▲

Les gros nuages passent audessus de la maison et disparaissent dans le ciel. Martine crie :

— Il ne pleut plus ! Il ne pleut plus !

Les portes s'ouvrent. Tout le monde disparaît en courant. La maison en tremble. Et puis, tout à coup, c'est le silence. Les animaux restent figés sur place. On n'entend plus rien. Je referme les portes. Je m'assois par terre et je regarde le champ de bataille. Je n'ai jamais vu la maison dans un état aussi lamentable. C'est indescriptible. Je ne sais plus quoi faire. Des larmes emplissent mes yeux.

Je vois apparaître quelqu'un à travers mes larmes. C'est grand-maman, qui arrive avec sa petite tasse de thé. Elle pousse une cage et elle vient s'asseoir près de moi. Je me blottis dans ses bras. Elle me chuchote :

—Bon, Noémie, tes parents reviennent dans deux jours. Tu sais ce qu'il te reste à faire...

—Snif... oui... mais... snif... je ne serai jamais capable toute seule.

Après avoir bu une petite gorgée de thé, grand-maman dit :

—Compte sur moi, je vais t'aider!

-12-

Le grand ménage

Premièrement, je change le message sur le répondeur. On entend maintenant la voix de grand-maman qui dit : «Bonjour. Il nous est impossible de prendre d'autres pensionnaires. Veuillez vous adresser ailleurs!»

Ensuite, devant la porte d'entrée, je place un grand carton sur lequel j'ai écrit : DÉSOLÉS, NOUS NE PRENONS PLUS D'ANIMAUX!

Nous plaçons toutes les cages et tous les animaux sur le trottoir devant la maison. J'écris sur un autre carton : JOLIS PETITS ANIMAUX À DONNER!

J'appelle même Julie Legault-Gravel, la voleuse de chats, pour qu'elle vienne m'en voler quelques-uns.

Trente secondes plus tard, Julie Legault-Gravel arrive avec ses copains et ses copines. Je les vois par la fenêtre. Pour ne pas pleurer, je me concentre. Je lave le plancher avec grand-maman. Ensuite, nous passons

la balayeuse dans toutes les pièces de la maison parce qu'il y a des poils et des plumes jusque sous les meubles.

À la fin de la soirée, je suis rendue au bout de mon rouleau. Je suis épuisée, mais la maison brille comme un sou neuf. Même ma chambre n'a jamais été aussi propre et aussi bien rangée. Je n'en reviens pas. Dehors, sur le trottoir, il ne reste presque plus rien. Seulement deux cages. Une avec des souris blanches et une autre avec un hamster. Je dis à grand-maman :

—Si je les laisse sur le trottoir, ils vont se faire dévorer par les ogres ou les loups.

—Bon, d'accord, emportons-les sur le balcon de derrière. Demain, nous irons les donner à l'animalerie.

Je les installe à côté de ma famille de chats. Je leur demande de ne pas se chamailler. Ensuite, je monte chez grand-maman et je me laisse tomber dans son grand lit. Je m'endors aussitôt. Je suis tellement fatiguée que je n'ai même pas la force de rêver...

-13-

Le retour

Je suis assise dans le salon avec grand-maman. Nous venons de faire un deuxième ménage... et nous attendons le retour de mes parents.

Soudain, la porte s'ouvre. Ma mère dépose ses valises et je lui saute au cou. Comme dans les films. Je dis :

—Ma petite maman d'amour. Comme je me suis ennuyée de toi!

En me serrant dans ses bras, elle me répond :

—Moi aussi. Moi aussi. Mais, hum... ça sent le bon ménage ici!

—Heu... Oui... Pour ne pas nous ennuyer, grand-maman et moi avons fait du ménage... pendant trois semaines. Et ma surprise, qu'est-ce que c'est? Qu'est-ce que c'est?

Mon père entre dans la maison. Je lui saute au cou en demandant :

—Ma surprise? Ma surprise?

Mes parents se regardent. L'œil complice, ils me prennent par la main et m'entraînent jusqu'à l'automobile. Mon père ouvre le coffre arrière, et j'aperçois une belle voiturette en plastique. Dans la voiturette, il y a quelque chose dans un emballage-cadeau.

En vitesse, je déballe mon cadeau. Mon cœur s'arrête net. C'est un immense-gros-énorme-gigantesque-livre plus lourd qu'une brique de ciment. Je lis, sur la couverture : *Encyclopédie mondiale des animaux.*

J'ouvre le gros livre, et je vois de magnifiques images. Là, un éléphant dans la brousse. Ici, un ours polaire couché sur la neige. Un peu plus loin, un panda géant qui mange une tige de bambou.

Je saute au cou de mes parents. Je les embrasse en les remerciant.

▲ ▲ ▲

Pendant toute la fin de semaine, je consulte le gros livre sur les animaux. À force de regarder les images, il me vient une idée géniale. Je demande à grand-maman :

—Grand-maman, nous devrions faire de grandes promenades, ça nous ferait du bien!

Je fais de longues promenades avec grand-maman, et, c'est vrai, ça lui fait du bien... Je tire ma belle voiturette toute neuve. Dans les boîtes de récupération, je ramasse de vieux journaux et de vieux magazines. De retour à la maison, je découpe les images d'animaux et je les colle un peu partout.

Bientôt, les murs de ma chambre seront remplis d'éléphants, d'aigles, de chevaux, de lamas, de gorilles, de chimpanzés, de ratons laveurs, de fourmis. Je serai entourée d'animaux qui ne demanderont pas d'entretien, ne coûteront pas cher à nourrir et, surtout, ne dérangeront personne. Ensuite, je couvrirai les murs de notre appartement et les murs chez grand-maman. Ensuite, je couvrirai les murs de ma classe et

ceux de l'école. Ensuite, je couvrirai les murs de la boucherie, de la pharmacie, de la caisse populaire et aussi l'intérieur des autobus. Partout où j'irai, je serai entourée d'animaux!

Ce sera mon jardin zoologique, et tout le monde pourra se promener dedans...

Fin

MARQUIS
MEMBRE DU GROUPE SCABRINI
Québec, Canada
2006